JN437950

사랑과 은총의 별이
세상 가득히

곽영기 제5시집

을지출판공사

■ 책머리에

나는 1994년 이후 16년간 문단을 떠났다. 문단 활동뿐 아니라 사회 활동 일체를 중단했다. 이유는 지병인 신부전 치료를 위해서이고, 또 하나의 이유는 내가 1997년 IMF 당시 증권 부도로 입은 손실을 만회하기 위하여 증권업에 투신했기 때문이다.

그간 모아두었던 원고를 묶어 지난해부터 제5집을 출간하려고 하니 어떤 얘기를 어떻게 묶느냐로 고심하다가 일단 이번 시집에는 서정시를 모아서 한 권 만들기로 한다.

나는 시조문학으로 등단했고 시조를 사랑하고 있기에 이번 5집도 시조로 편집했다. 시조의 3장 6구 원칙을 고수하되 시각의 단조로움을 완화하기 위하여 3장을 3-9장으로 풀어 쓴 경우가 많이 있고, 엇시조인 사설시조도 몇 편 들어 있어 시조시인들이 읽으면 금방 시조시라는 것을 알지만 일반 독자의 경우 자유시로 착각할 수 있기에 부언하는 것이다.

또 내 시조에는 사용이 일반화 된 외래어를 몇 단어 넣었다. 세상의 흐름에 소극적이나마 편승하는 것이 시대의 감각이라 믿기 때문이다.

인생의 편도 길, 그 끝머리에서 뒤를 돌아보고 앞을 준비할 수 있도록 기회를 주시는 세상주인에게 감사하는 뜻에서 시집의 이름과 몇 편의 시에 기독정신을 담았다는 것도 참고해 주기 바란다.

2011년 1월

저자 곽 영 기

차 례

제 2 부 서정의 산과 강

제 3 부 너는 나의 무지개

제 4 부 여행길에서

제 5 부 국외 여행길

제 6 부 명승지 여기저기

제 7 부 돈신들 이야기

제 8 부 생각하며 살자

제 1 부

사랑의 에너지

다시 사선에

-다시 시를 쓰며-

몇 세월 휘돌아서 다시 다선에 오릅니다.

비울 것을 다 빼앗더니
과녁 올려 주십니다.

삶이란 섭리라 믿고 활시위를 고릅니다.

텅 비운 허공에서 만유를 상상하며

낭만의 강, 고뇌의 들
부조리한 능선을 향해

오기를 당기렵니다. 아주 낮은 자세로.

〈월간 한국시 2008년 12월호〉

사랑은 에너지다

사랑하면 즐겁고 즐거우면 힘이 나니
사랑은 공해 없는
행복의 에너지요
스스로 복제해 가는 영원한 에너지다.

사랑에는 웃음이요, 웃으면 일이 되니
사랑은 화합하는
상생의 에너지요
부귀를 창출해내는 행복의 에너지다.

사랑은 권력이다

햇빛, 바람, 비와 같이
하늘이 주는 사랑과

부모님 낳아주고
길러주는 사랑을

아가페 사랑이란다, 권력 위의 사랑이다.

사랑은 부드러우니
꺾지 못할 권력이요

희생과 무제한이니
적이 없는 권력이고

시효가 원래 없으니 임기 없는 권력이다.

* 아가페(agape) 사랑 : 하느님의 절대적인 사랑을 말하며 남녀의 사랑 에로스(eros)에 상대하여 쓰는 말.

사랑은 명예다

사랑은 온유하고
오래 참고 덮어주니
행복의 원천이요, 믿음의 뿌리 되어
사랑은 명예의 시작, 섭리요 은총이니.

사랑은 무조건이고
판단하지 않으므로
품성의 바탕이요, 인격의 거울 되어
사랑은 명예를 완성, 하느님 축복이다.

사랑은 기적이다

하느님 큰 사랑이
천지를 지으시고……
사람들 작은 사랑이
행복을 엮어내니
사랑을
기적이란다.
창조의 기적이란다.

하느님 세상을 사랑
대속의 피 흘리시고
사람들 자기 사랑은
회개의 눈물을 흘려
사랑을
기적이란다.
구원의 기적이란다.

사랑은 불꽃이다

사랑은 활활 타는
가슴속의 불꽃이다.

태워야만 살아나는
목숨의 불꽃이다.

져 주고 이길 수 있는
생존경쟁 불꽃이다.

사랑과 미움

사랑은 행복을 심는 생명의 씨앗이요

미움은 불행을 엮는
사망의 사슬이지만

사랑과 미움은 한 뿌리, 마음먹기 차이다.

사랑은 온유하여 다독이고 덮어주며

미움은 성급하여
들춰내고 두들기니

사랑과 미움의 결과는 둘, 살기 죽기 차이다.

사랑과 은총의 별이

은총의 하늘에 생명의 별이 뜬다.
세상 주인 거기에 말씀으로 계시니
사랑과 은총의 별이 하늘 가득 떠오른다.

은총의 광야에 구원의 별이 뜬다.
십자가에 대속하고 구세주 부활하니
사랑과 은총의 별이 세상 가득 떠오른다.

은총의 인생길에 행복의 별이 뜬다.
성령으로 인도되어 감사하며 기도하니
사랑과 은총의 별이 가슴 가득 떠오른다.

사랑의 탑을

사랑의 불씨가 일면
가슴으로 다독이라.

절제의 심지 돋우고
시작처럼 한결같이……

불꽃이 모두를 태우게
믿음으로 기름을 주라.

사랑이 불탄 자리에
새싹들이 돋아나면
영롱한 구슬 같은 사리들을 추슬러서
유한한 일장춘몽에, 행복 탑을 세우라.

불발령 어머니 꽃

한 질 쌓인 눈 속에서
얼어 죽는 어린 딸을
모정의 체온으로 살려낸 정열의 불꽃
목숨을 목숨으로 바꾼 어머니의 큰사랑.

엄동설한 녹인 불길
사랑의 사무침에
하늘도 감응하여 내주고 받아들이니
오늘도 빨간-하얀 꽃, 불발령에 피고 지네.

* 1978년 3월 12일, 홍천군 내면 자운리 불발령(평창 홍정리-홍청 자운리)에서 38세의 朴貞烈 어머니는 한 질 쌓인 눈 속에서 얼어 죽는 딸 6살 仁淑이를 끌어안아 체온으로 살리고 자기는 얼어 죽었다. 이튿날 인숙이는 구조되어 살아났고, 이 동네 국도 변에 작은 위령비가 있다.

세상의 어머니

불구자식 병상에 안쓰럽게 매달리며
하느님, 감사합니다. 눈물 어린 기도는
만파를 잠재우시는
어머니의 피리소리.

밤이나 낮이나 백팔번뇌 삭히면서
아픈 자식 보듬고 함께 앓는 어머니
세상을 환히 밝히는
빌딩 속에 촛불이다.

* 만파식적(萬波息笛) : 파도를 잠재운다는 피리(신라 신문 왕 때의 전설).
* 백팔번뇌(百八煩惱) : 108이란 수는 불교에서 완전한 수, 사람의 육감을 통하여 느낄 수 있는 번뇌의 총수는 108 가지란다.

화합하는 백병전

음양의 자장에 말려 중력을 해제하고
생명의 초원으로
야수처럼 돌진한다.
터지는
활화산이다, 내리 꼽는 폭포다.

의식이 전멸하고 본능만 살아남아
문명을 거부하고
창세기를 회복한다.
원음의
아우성소리, 화합하는 백병전.

러브체인

벼랑에 뿌리박고
사랑 찾아 내리는 꽃

하트모양 파란 잎에 하얀 무늬를 찍어
사랑 줄 마디마디에 두 잎씩 쌍을 지어
땅으로 내리 푼다, 바닥에 닿을 때까지……
사랑의 낮은 자리로 낮게-낮게 내려서

기어이 꽃을 피우는
네 이름은 러브체인.

* 러브체인 : 화초(Ceropegia woodii)

사랑하는 사람들

비바람에 마주서서
활활 타는 불길이다.

목숨을
태우는 빛이
반사 복사 거듭하는

운명의
불꽃들이다.
태양의 파편들이다.

너의 빙벽에

긴긴 밤, 너의 절벽에
뜬눈으로 매달리다

야윈 볼, 하한 미소에
내 하늘을 포기하고

못 오를
너의 빙벽에
목숨의 체인을 건다.

목련꽃

함빡 내린 별의 요정
하얀 나래 파닥이네.
시리도록 눈부셔라, 밉도록 고운 것이
하늘의 향기 퍼부으며 하얗게 떨고 있네.

가지가지 마디마디
하얀 촛불 밝혀 들고
하늘의 전령이요, 광야에 빛이라면서
섭리의 지평선 위에 꽃 세상을 알리네.

사랑의 콩깍지

죽도록 좋아하라고 눈을 가린 콩깍지
죽기만큼 힘든 일을 즐겨하라는 콩깍지
창조의 계획이란다.
사랑이란 콩깍지를.

십년의 세월이면 강산이 변하거니……
콩깍지 떨어져 알맹이를 보게 되면
와장창 와장창이다,
그런 줄도 몰랐다고……

하느님 정신없다, 여기저기서 터지니
자식 끈 찾아오라 어서 꽁꽁 묶어라
사랑의 재창조란다
자식이란 콩깍지를……

달의 변심

초승에는
실눈 뜨고 구름 새로 엿보다가

보름에는
둥글고 환하게 웃어 주더니

없다고
말해 버려라, 토라져버린 그믐날.

생각을 바꾸란다

물가 반석에 누워
칠월 하늘 바라본다.

뭉게구름 휘몰이에 생각들이 아득한데
무너진 무지개가 내 귀에 속삭인다.
너를 삼킨 블랙홀을 포로로 잡아들여
번개 치는 구름 속에 꽁꽁 묶어버리고
그 하늘 조건 없이 떨이로 사 버리란다.
서러운 작은 얼굴을 즐겁게 다시 살려
오기로 버틴 네 목숨에 불을 다시 지피란다.

생각을 바꿔보란다.
우물 파는 지혜란다.

서귀포의 사랑을 찾아

하느님 사랑을 찾아
삼다도에 왔습니다.

사랑의 집에 살고 싶어
한라산을 넘었습니다.

시황님 불로초 땅에
사랑을 캐러 왔습니다.

구름 속에 입 맞추는
한라산 신비를 보며
한바다에 쫙 펼친 서귀포의 희망을 보고
사랑에 목마른 넋이 라파의 집에 왔습니다.

* 라파의 집 : 박진탁 목사님이 설립한 투석 환자들을 위한 무료 요양시설, 라파(rapha)는 치료하는 하느님이라는 희브리어다. 서귀포시 신효동 4번지에 있다.
* 시황님 불로초 땅 : 진시황 신하들이 한라산에서 불로초를 캐 서쪽으로 돌아갔다 하여 이곳을 서귀포(西歸浦)라 했다는 전설.

라파의 집

돌단 너머 구름위에
아득한 한라산이
하늘에 입 맞추며
세상일을 협상하니
그 자락
감귤 마을에
라파의 하느님 내리시고……

세상이 잃어버린 양
불러 모아 다독인다.
영혼을 맑게 닦아주고
아픈 몸을 치료해주니
서귀포
하느님 사랑이
라파의 집에 출렁인다.

제 2 부

서정의 산과 강

산과 강 1

용암을 깔고 앉아 하늘을 떠받친 산은
파랗게 빨갛게
하얗게 삭히면서
달리는 세월을 잡고 기다리는 운명이다.

하늘에서 내려와 땅 끝으로 가는 물은
낮은 길로 모여서
끌면서 떠밀면서
멈추는 세월을 끌고 달려가는 운명이다.

〈월간 한국시 2009년 10월호〉

산과 강 2

산과 강이 뒤엉겨
40억 년 함께할 때
산은 강을 내리품고 강은 산을 끌어안아
둘이는 화합이었네, 바람 소리 물소리로.

산은 줄기 뻗치되
강의 길을 열어 주고
강은 곧이 달려가되 산을 비켜 돌아가니
둘이는 영원한 동반, 굴곡진 다 궤도에.

*40억 년 : 태양계의 생성을 약 120억 년으로 지구 나이를
45억 년으로 추정한 학설에서.

〈월간 한국시 2009년 10월호〉

고향을 지키는 산

호수에 잠겨버린 정든 고향 흔적들이
물속에 분해되어 잊혀버린 오늘인데
꽃잎을 물에 뿌리며
지켜보는 산이 있다.

백억 톤 물에 눌려 화석이 된 사연들과
족쇄 끊고 고향 떠난 모든 이의 아픔을
물망초 꽃을 피우며
참아내는 산이 있다.

* 물망초(勿望草) : 영어 이름은 forget-me-not

해수욕장

하얀 파도 물거품들이
즐거워서 아우성소리

벌거숭이 뜨건 바람은
세상 만나 아우성소리

천하에
물꽃, 불꽃이
모래밭에 활짝 핀다.

무인도

한 바다를 제압하고
세월 밖에 홀로 살다
파도에 물어 뜯겨 뼈만 남은 무인도
어제는 천하태평에 유아독존이더니.

끝없는 파도의 도전에
상처뿐인 외로운 섬이
휑하니 마음을 바꿔 하늘에 입 맞추고
오늘은 낙조에 실려 아물아물 날아간다.

봄소식

얼음 밑에 졸졸졸……
실꾸리가 풀리면서

새들도 즐거워라
부리 마주 노래하면

산수유 노란 꽃들이 휘파람을 다시 분다.

날 푸른 꽃샘추위
여린 꽃잎 제압해도

향기로운 웃음들이
방긋방긋 입을 열면

대지는 사랑의 향연, 꽃바람에 휩싸인다.

공항은 꽃밭이다

활짝 핀 꽃들이다
무지개 뜬 공항에는

가고 오는 즐거움을
폭죽처럼 터치면서

사랑의 씨앗이 영근 행복의 꽃밭이다.

한 가닥씩 풀면서
날아가는 실꾸리도

풀은 올 되감으며 돌아오는 얼개들도

사랑의 열매들이다. 행복한 꽃다발이다.

어시장

어시장 가판에는
목숨을 팔고 산다.

숨 끊어진 고기들은 몸을 팔려 누워 있고
먹어야 하는 포식자들은 목숨 값을 내야 하니
죽은 이들 의식을 벗어 안식을 누리지만
산 자들은 돈신으로 제 목숨 값을 내야 하니

먹이의 사슬이란다.
행복한 고해라 한다.

겨울 들

눈을 실은 구름들이
하늘 가득 몰려온다.
바람이 벗겨버린
이랑들은 알몸인데
태양은 고도 낮추며 가속으로 떨어진다.

씨알들의 소망이 묻힌
꿈을 꾸는 응달도
벌레들 목숨을 숨긴
풀 서리 양달에도
날 세운 하늬바람은 갈피갈피 쑤시는데.

오늘 밤에 하얀 이불
눈이나 펑펑 내려라
발자국들 눌린 자리
복을 듬뿍 덮어주라
추위에 떠는 생명들, 쌔근쌔근 자도록.

하늘 대청소

번갯불 휘두르며
껌정구름을 굴리며
여름철에 하늘은
대청소를 자주 한다
오염된 하늘과 땅을 깨끗이 닦아낸다.

바람으로 쓸어내고, 하얀 눈 뿌리면서
겨울철에 하늘은
대지를 소독한다
꽃 잔치 한마당 준비, 하얗게 소독한다.

생명을 퍼붓는다

해마다 몇 차례씩
번갯불에 천둥치면서

하늘은 생명의 씨앗을
세상에다 퍼붓는다.

대지가
쓸려갈 정도로
억수같이 퍼붓는다.

수 석

강물이 갈아 내놓은
수석의 한세상에는

창조의 숨겨진 신비
잊지 못할 사연이고

우주의 생성을 그린 조물주의 걸작이다.

뒹굴며 깎이면서
각인된 기억들을
문신으로 새겨내고 형상으로 다듬어
선명한 목숨의 꽃을 세상에 내세운다.

화 원

꽃들이 팔려간다, 화원의 가판에서
세상의 꽃들이다
제 나름의 꽃이다.
이름표, 출신 성분에 몸값까지 달고서.

생화보다 고운 조화들이 앞자리다.
생명도 향기도 없이
쇠줄에 뿌리를 내린
가짜들 세상이란다, 돈신의 음모란다.

도심 하늘

매연에 그을리고 소음에 시달리다
쓰레기 토해 내는 빌딩들에 찔려버려
어제는 피곤한 하늘
잿빛으로 죄이더니

국력이라는 굴뚝들과
번영이란 자동차들도

모두가 싫어진 하늘
숨을 곳도 없는 하늘

오늘은
강물에 들어 닦고 있네, 울고 있네.

목욕탕

문명을 거부하고 창세를 회복한 땅에
알몸의 단백덩이 영성을 회복하여
찌들은 동물냄새를
열심히들 닦는데……

창세의 낙원에서
유혹 받은 아담이

무아의 탁상에서
무치 시중 받으며

돈님이
제왕이라고 사지를 버둥댄다.

* 탁상(濯床) : 때밀이 평상

숲 속 별장

잠시 후면 갈 곳인데
무얼 그리 서두시오.

영원히 살 곳인데
미리 갈 이유 있소

삶이란 아옹다옹하며 엮이며 사는 것을……

한 목숨은 백년이요
칼슘덩이 천년인데
잘잘한 시험을 피해
목숨을 숲에다 묶고
퇴창도 봉창도 막고 번데기로 사는 거요.

아니면, 날아가는
하늘 길을 뚫으면서
목숨을 볼모로 하여 산 것을 먹는 거요
세상을 날려버리는 핵이라도 굽는 거요.

벽제공항
- 3종제 화장하던 날 -

하얗게 지새운 밤
벽제공항 대합실에는
짙은 안개 깔리고
한기가 휘감는데
슬픔에 야윈 꽃들이 촉촉이 젖어 있네.

저승행 밀차에 누운
피붙이를 잡는 순간
이승 문이 쾅 닫히며
발진의 불꽃이 튀니
이륙의 허무한 순간, 내별 하나 떨어지고.

활주로, 비행체, 그림자도 없는 공항에
떠나는 이 줄지어도 돌아온 이 없어서
입 다문 환송객들은 울지 않고 울먹이네.

선술집

밤과 낮이 섞여버린
낯선 남도 선술집에
불빛들도 졸려서라, 발길들은 느슨한데
결 고른 남도억양이 스멀스멀 정을 튼다.

배꼽시계 멈춘 땅에
갈비씨들 맥이 풀려
구겨진 몇 잎에는 눈길을 내리깔고
세월 밖 남들 아낙은 도란도란 물만 켠다.

멀건 막걸리 사발에 하루 일을 휘저으며
번민의 화약고에
불씨를 다릴 지음
예약한 기적이 울려 또 하루를 지운다.

강촌의 여름밤

개굴개굴 극성스러워
달빛도 흔들리고
모깃불 가 도란도란
이웃들과 정을 트면
살별이 불 줄을 근다, 잠을 자라 재촉이다.

털털한 웃음소리 하루 일 마무리 짓고
컬컬한 한두 사발에
또 하루를 담보하면
별자리
하나씩 찍고
해탈하는 무아경이다.

제 3 부

너는 나의 무지개

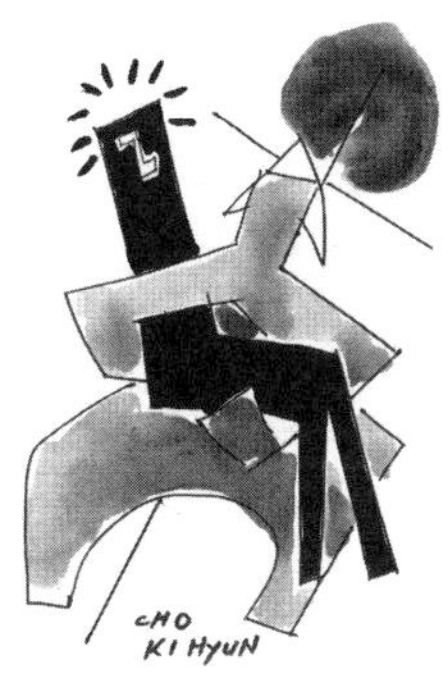

정의 꽃

목숨의 첫 마디에
뿌리내린 정의 꽃

생각하면 피어나고
잔영으로 살아 있어

언제나
어디나 핀다.
첫정이란 익명으로.

한 목숨 비틀대면
서둘러 찾아와서

향기 날려주며
기운 내라 재촉한다.

언제나
아픈 꽃이다.
어디서나 서러운 꽃.

백목련

시리도록 눈부신 꽃
절벽 위에 피어 있네.
거친 들 마른 가지에
그윽한 향 뿌려주며
꽃향기 날려 보내네, 새 봄의 전령이라네.

세모시 활짝 펴서
하늘가에 흩날리며
아지랑이 가지 끝에
위태로이 사려앉아
부활의 축복이라네, 사랑하라 절규하네.

백합 한 다발

오늘 아침, 채상 위에 꽃다발이 놓였네.
그가 보낸 백합화
싱그러운 향에는
나직한 속삭임으로 러브 유라 쓰였네.

경쟁의 블랙홀, 갈등의 쳇바퀴에서
감성이 바위처럼
굳어버린 아침에
새하얀 백합 도가니, 나를 녹여버리고.

달콤한 백합 향에 취해 버린 영혼은
불속에서도 시원한
사랑이란 꿈을 꾸며
병상의 일기 행간에 해피-데이라 찍었네.

* 러브 유(Love you) : 사랑해
* 해피-데이(Happy-day) : 행복한 날
* 블랙홀(Black hole) : 초고압 천체로 빛까지도 빨아 당긴다고 한다.

행복한 사수

우리 자주 만나기를 손가락에 걸어두자
전화벨 울리기를 가슴으로 죄이며
유만을 사랑합니다.
눈빛으로 말하자.

힘들고 외로울 때 텔레파시 쏘아주자.
만나면 모르는 척, 이야기는 마인드로
행복한 사수로 살자
세월의 바람처럼.

백합 한 송이

백합 한 송이에
행복한 아침입니다

감사합니다.
한마디에
축복받은 오늘입니다

고난을
은총이라 하니
부활하는 목숨입니다.

너는 나의 무지개

너는 나의 달이다
잡을 수 없는 달이다
쫓아가면 갈수록 달아나는 달이고
구름에 숨어버리며 애먹이는 달이다.

너는 나의 꽃이다
꺾지 못할 꽃이다
언제나 어디서나 피고 지는 꽃이고
가슴에 뿌리를 박아 시들지 않는 꽃이다.

너는 나의 무지개다
걸어 다니는 무지개다
언제나 반쪽짜리, 하나짜리 무지개고
순간에 사라져버리는 꿈같은 무지개다.

불꽃-물꽃 목숨을

나 없이도 구름은 바람 따라 갈 것이고

너 없이도 바다는
산 아래 머물 것이니

우리들 불꽃 목숨을 낙조처럼 태우자.

너 없으면 유정세월, 물처럼 갈 것이고

나 없으면 무정세월
바위처럼 버티리니

우리들 물꽃 목숨을, 무지개로 피워내자.

눈 내리는 운두령

눈 내리는 운두령에서
조망하는 사바세계.

산-산-산들의 오기
골-골-골들의 순종.

하늘은 눈을 뿌리네, 또 한 해를 지우시네.

삶의 발자국들이
별처럼 찍힌 골과

목숨들이 강물처럼
굽이치던 고갯길을

하얗게 덮어주시네, 새 한 해를 펴시네.

* 운두령 : 평창-홍천 사이, 31번 국도에 있는 높이 1,046m의 국내 최고 령.

해당화는 꺾이고

기억의 이편 바다에
이슬비 내리던 밤.

고요한 솔밭 길에
별빛까지 숨어버려

한바탕 폭풍이 일어 해당화는 꺾이고.

태초의 모래밭에
꽃잎을 묻어버리며

물가에 파도소리
오솔길 바람 소리로

기억의 저편 바다에 아픈 꽃은 묻었네.

밤바다 파도들은

캄캄한 수평선에 별들이 총총할 때
바다에 물꽃이 피고
물소리에 윤기 나니
모래밭 끌어안으며 나뒹구는 파도들은.

마디마디 감전하는 나직한 목소리로
물꽃 피는 모래밭을
간지럽게 핥아주다
미완의 마지막 달이 서산으로 넘을 즈음.

미친 듯이 달려들던 파도들 물러가며
물꽃을 깊은 바다
기억 밖에 밀쳐 넣고
하얗게 지워버린다, 밤새도록 닦아낸다.

너는 나의 등대

너는 나의 등대다
밤바다의 길잡이다

내 오감과 가슴은
너를 향한 나침판이고

목숨은
너의 바람에 가물대는 촛불이다.

너는 나의 샛별이다
무변 사막의 길잡이다.

내 육신과 영혼은
너를 보며 길을 찾고

내 목숨
너의 폭풍에 줄 끊어져 버린 풍선이다.

황혼의 대관령에서

황혼의 대관령에서 강릉 읍내 바라본다.
가로등은 옛날처럼
별같이 깔리는데
먼 바다 고깃배 불은 무의식을 가물댄다.

황홀하던 건각들이 거의 떠난 정든 땅에
잔존이란 기억들은
의미 더욱 소중해서
추억은 저공을 날아 해변으로 꼽히는데……

내 꿈이 꿈틀대던 경포 주택 아득하고
젊음을 몽땅 사른
캠퍼스는 이쯤인데
살별이 불 줄을 근다, 저기 그 집이라고.

우리 함께

잔잔한 호수 위에
밤안개 내릴 무렵

호수에 달을 보며 우리 잔을 기울이다
샛별이 지기 전에 취기 털고 일어나
협곡에 급류 타고 바다로 떠나가자.
폭포에 떨어질 땐 너를 안고 날아가고
자갈밭 여울목엔 나뒹굴며 노래하다
하구에 몸을 풀어 올올이 사린 다음
무지개 세운 자리에 추억의 탑을 쌓고

너와 나, 바람과 구름
하늘 함께 다시 날자.

나의 오로라

일 년 내내 눈에 덮인
극한의 땅 툰드라에

꿈같이 현란한 오로라, 눈이 부셔라
잡을 수 없고 바라보기조차 민망한
캄캄한 하늘을 휘젓는 희푸른 오로라.
심장의 피를 뿌려 지우고 싶은 충동이
이따금 휘둘리는 오로라에 감전되면
가슴은 빅뱅이다, 가속으로 흔들리고

침몰 직전 빙산에 누워 초침을 세는
다시는 일어서지 못할 불구의 목숨이
고뇌하며 바라보는 극권 하늘에 오로라.
사라지지 마오, 그 자리 그대로 있어
동토에 유배된 종신형의 포로가
눈감고 바라볼 수 있는 자유라도 주오.

내 안의 캄캄 하늘에
한줄기 소망 오로라.

* 오로라 : 극광

지지 않는 달

깊은 곳에 숨겨두어
지지 않는 달이 있네.

달력에
동그라미 치며
잊지 않는 날짜 있네.

이제나
저제나 하며
걸지 않는 전화가 있네.

그 달은

그 달은 낮에만 뜬다.
나직한 멜로디 끌고……

눈감아야 뵈는 달이고
구름 속에 뜨는 달이다

간헐천 무지개처럼 순식간의 달이다

그 달은 가슴에 뜬다.
잔잔한 잔영을 끌고……

감은 눈이 시리도록
새하얀 반쪽 달이고

아무도 몰래 떴다 지는 안쓰러운 달이다.

낙조의 불꽃

낙조는 사랑을 태우는
저녁 하늘 불꽃이다

오늘을 다 태우고 내일을 또 태우기 위해
바다에 떨어지면서 타는 사랑의 불꽃이다.
수평선이 받쳐주어 하늘에 걸쳐 있는 해는
존-몰의 경계선에 항존하기 바라면서도
지난날 모든 태양들의 침몰을 알고 있기에
하늘과 바다를 몽땅 태우는 사랑의 불꽃이다.

하루를 안쓰럽게 보내는 긴박한 불꽃이요
영원이 사라져버릴 성스러운 불꽃이며
상상의 사리를 쏟아내야 하는 불꽃이고
모두를 태워야 다시 사는 부활의 불꽃이기에

낙조는 아침을 낳는
사랑의 불꽃이다.

낙조의 수평선에

- 희원이 할머니에게 -

길고도 짧은 하루
어느덧 황혼이요.
고집스런 편도에 요철-굴곡 많았지만
낙조의 황홀한 바다는 섭리요 은총이니

세상 끝자락에서
별의 중심에 올 때
넘고 돌고 건너며 오뚝이처럼 살았으니
눌러둔 용수철들이 어디 하나둘이겠소만.

굽은 허리 흐린 눈은
보상이 그만하니
나직한 나머지와 명은 주께 맡기고
멀고 먼, 약속의 땅에 집이나 한 칸 꾸립시다.

제 4 부

여행길에서

울릉 뱃길 7백 리 1

선창을 박차면서 고동 울린 여객선은
백두대간 아물아물
쏜살같이 미끄러져
내 생애 제일 큰 바다, 한복판을 달리고.

산도 들도 하늘 말고 만유가 잠겨버린
울릉 뱃길 칠백 리
망망한 해원에는
둥그런 수평선만이 하늘가에 매달린다.

배는 지구핵심에서 바다를 동으로 끌고
해는 천구 정수리에서
하늘을 서쪽으로 끄는데
이 몸은 무엇에 잡혀 제자리만 도는가.

* 이 글은 1995년 11월 5일~12일 1주일 동안 체신부에 근무한 이병희 국장님 내외와 우리 내외가 함께 울릉도를 다녀올 때 쓴 시임.(고인이 된 초등학교 동창 이 국장님의 명복을 빌면서)

울릉 뱃길 7백 리 2

세상에서 제일 큰 바다
그 핵심에 내가 섰네.

수평선 직경은 시계의 2곱, 둘레는 3배
이 수평선 안에는 한 점 장애물도 없는
태허가 출렁이는 깊이 모를 검푸른 물과
우리 목숨 싣고 가는 작은 배 하나뿐……
나는 지구의 원점에서, 세상의 외방에서
우주를 둘러보며 작은 가슴을 떨고 있네.

하늘은 바다에 내려와 수평선에 입 맞추고
바다는 하늘 끝에 매달려서 흔들리며
울릉 뱃길 6시간 긴긴 해후에 빠져드니
바다에는 거친 물결, 하늘에는 붉은 노을
출렁이고, 상기되어, 격동하는 뱃길인데
갑자기 수평선 앞에 산이 하나 충돌한다.

울릉이, 울릉이 하며
어매-우와 환호소리.

울릉 뱃길 7백 리 3

망망대해 일엽편주
검은 파도 밀어내며
물보라 여섯 시간에 도동항에 닻 내린다.
바다 끝 검은 돌산에 사흘 목숨을 내린다.

벼랑에 달라붙은
새들 둥우리처럼
돌섬에 둥지 틀은 앙달백이 도동마을
바람에 뿌리 내리는 풍란처럼 곱구나.

청옥빛 맑은 바다
고기들의 낙원이요
육지 떠난 단풍들은 여기 와서 불질인데
개름한 사투리들이 어서 오이소 재촉한다.

바다횟집 좌판에
빨판처럼 달라붙어
한 접시 서너 잔에 묘한 생각 껄껄대다
성인봉 올려다보니 내 행색이 초라하다.

성인봉 정상에서 1

울릉도 성인봉, 그 정수리에 올라서니
아침 여는 일출문도
밤 밝히는 월출문도
여기가 거기였다네, 바다꼭지 여기라네.

세상의 정상에는 육지사람 몰려들고
성인봉 표석 둘레
짙은 안개 감겨오니
마구박 빨간 열매들 구름 속에 증발하고.

먼 바다에 불쑥 솟은 둥그런 수평선과
저 아래 깊은 골에
인간들 흔적을 보며
무한한 은총이 겨워, 야호, 야호 외친다.

* 성인봉 : 해발 948m
* 마구박 나무 : 울릉도에 자생하는 나무, 천연 기념물 189호

성인봉 정상에서 2

천궁을 올려다보며
해원을 휘둘러보며

울고 웃는 하루살이
한 점 나는 누구인가

지구 별 꼭지에 서서
인생살이 묵상한다.

태초에 우주는 어둠 깊은 물이었고
전능하신 세상주인 말씀으로 이리 되니
세상 일 섭리라 믿자, 사랑하며 살리라.

울릉 섬 휘돌아

소문난 호박엿을 도동에서 실컷 먹고
조동 항 오징어 회, 감칠맛에 빨려들다
남양리 자갈밭에서 물에 뜨는 돌 찾았네.

섬 한 바퀴 배로 도니 볼거리 가지가지
코끼리바위, 삼선암, 죽도를 지나갈 때
동공을 크게 열면서 찰깍 불을 터뜨리네.

뱀-도둑-거지 없어 삼무도라 부르고
물가-파도-산이 높아 삼고도라 하기도
돌-바람-미인이 많아 삼다도라고 한다네.

* 울릉도의 3다는 돌, 바람, 미인. 제주도의 3다는 돌, 바람, 여자.

보고 싶은 독도

해원 천 리 외로운 섬
보고 싶은 작은 돌섬
앙달백이 검은 돌산 새들의 낙원인데
오늘은 수문장이다, 동해경비 사령으로.

역사의 소명을 다해
망망대해 제압하니
장할 손 너의 기개는 태백준령 혈통이요.
이 억년 일출을 관장, 반도의 아침을 열고.

수궁 안에 어족들과
무진장한 심해자원을
한류 난류에 틀어쥐고 태평양을 다스리는
동-서도 의연한 기상, 못 가 보니 아쉽구나.

울릉 뱃길 돌아오며

울릉도 나흘 여행
아쉬움에 끝마치고

묵호로 가려 하나
폭풍으로 배가 묶여

덕분에 2~3일 연장
기분은 좀 풀리는데……

늘어난 날짜들은
왜 그리도 더디던지……
포항행 여객선 앞자리에 냉큼 올라
섭섭한 검은 돌산에 두 팔을 흔들어대며

뱃머리에 나서서 검은 파도에 눈 비비니
어느새 6시간, 굴뚝 연기 수평선에……
반가운 야호 야호를 포항 하늘에 외친다.

껍질뿐인 밤바다 1

- 대진항에서 -

벗기고 벗겨내도
껍질뿐인 밤바다에는

아우성, 아우성이다
바람과 바다의 아우성이다

이 억년
바람의 횡포에
물렁해진 껍데기 바다.

대진항 밤바다 1

백두대간 능선으로
반달이 넘을 때까지

밤바다 물렁한 껍질을 바람은 벗겨낸다.

쓸려온 아우성들은 모래밭에 나뒹굴고.

총을 멘 병사들은
부동으로 지켜 서서

바람과 파도에는 관심을 아니 주고

오로지 은총의 별과 속삭이는 눈빛인데

횟집마당 덩그러니
썰렁한 좌판 둘레에

나그네 대여섯 사람, 얼근해서 흥얼대니

먼 바다 마른번개는 번쩍번쩍 불을 켠다.

대진항 밤바다 2

어둠을 뚫으면서 바다 갓길 차를 달려
민통선 가까운 대진항에 올 때까지
앞서거니 뒤서거니 따라오는 반달은

은빛파도에 뒹굴면서 이야기 걸어온다.
너무 긴 기다림에 파리해진 얼굴로
현실에 어제가 막힌 오늘을 얘기하며.

내 잔 기울일 때를 기다리던 반달이
잔 안에 뛰어들어 취하라고 재촉한다.
잔마다 폭죽 한 발씩 내 안으로 쏘아대니.

다 낡은 몰골에도 이팔청춘이 꿈틀거려
물컹한 눈빛으로 잔을 거푸 비우며
대진항 일장춘몽에 감개무량을 들이켠다.

- 2010년 7월 가족들 나들이 길에.

화진포의 밤

환한 불빛이 겨워 별이 숨은 하늘 아래
조용한 솔숲에 오솔길은 아늑하고
차창에 따라온 달은 한결같은 동행인데.

어둠에 잠긴 호수, 라이트로 들춰내며
물속의 달을 향해 모닥불을 피울 즈음
내 안을 죄이는 소리, 인내하라 속삭이고.

창세기적 물소리 동행들 웃음소리도
모두를 빨아들인 가슴의 블랙홀은
깊숙이 갈무린 꽃을 화진포에 쏟아내니.

이성의 한계 밖에 은총의 별이 뜨고
산을 넘는 반달이 호수를 지워버려
역사의 아픈 별장들도 깊은 안식에 든다.

* 화진포 : 고성군 현내면 일대에 걸쳐 있으며 이승만 대통령, 이기붕 의장, 그리고 북의 김일성 별장이 있다.

화진포 바람 소리

- 이승만 대통령 별장에서 -

펄펄 끓는 해수욕장 원색의 파도를 타다
호수 둘레 바람 소리
금강송 샛길 오르니
뭉치면 살고 헤치면 죽는다. 귀에 익은 목소리.

호수를 사이에 두고 마주 보는 두 별장이
솔가지에 몸 숨기고
60년을 함께하니
화진포 천하절경이 답답하고 안쓰럽다.

이 민족 큰 별의 밀랍인형, 20평의 방은
꽃도 없이 솔새들만
지저귀다 가 버리니
항일과 건국의 역사, 어느 날 빛을 보랴.

* 이승만 대통령 별장 : 강원도 고성군 현내면 죽정리 화진포 호반에 27평 규모로 1954년에 건축함. 이 별장에는 이승만 대통령과 영부인 프란체스카 여사의 밀랍인형이 있고 당시 사용하던 침칠과 의복이 전시되어 있으며, 몇 가지 자료가 보관 중이며, 개관하면 카세트 녹음기로 대통령 생전의 육성을 들려준다.(뭉치면 살고 헤치면 죽는다.)
* 호수 건너(직선거리 1km 추정) 맞은편 언덕에 북의 김일성 별장이 있고 부근에 이기붕 의장 별장도 있다.

저기가 외금강
- 동해 통일 전망대에서 -

눈앞에 펼쳐지는
저 북의 산과 바다
쪽빛 물, 바위산들
모두가 그대로인데
세월을 퇴역한 노병, 네 앞에 마주서서.

금강산 일만 이천 봉
해금강을 부르지만......
메아리 없는 땅은
표정조차 굳어버려
야호를 토해 버린다, 바싹 마른하늘로.

분단의 만고풍상은
회한과 좌절이요
철조망에 묶인 땅은
한 세기나 불통인데
모른 척 한가한 구름, 옛날처럼 오락가락.

* 동해 통일전망대 : 강원도 고성군 현내면 마치진리에 있으며
1983년에 전진부대가 119평 규모로 세웠다.

평화의 나무

-DMZ 박물관에서-

절망과 희망의 땅, DMZ 박물관 안에
전쟁 비극에 뿌리 내리는 평화의 나무
잎마다 소원은 평화
하나같이 통일인데.

전시실에 작열하는 총소리와 폭발음에
나무둥치 흔들린다, 어서 튼튼히 자라
세상의 이목을 모아
네 하늘을 크게 열고.

나무야 하루속히 네 사명을 탈환하라.
눈비에 물들이고 비바람에 춤을 추며
남북을 덮고도 남을
평화의 꽃을 피워내라.

* DMZ 박물관 : 강원도 고성군 현내면 송현리(통일전망대 인근)에 있음.(2009. 8. 14 개관)
* 평화 나무 : 전시관 2층에 평화의 나무 기둥들이 서 있고 관광객들이 종이 잎에 소원을 적어 달아 둔다.

설악산 바위

—봄—
울산암 바위들은
하늘로 도망친다.

한 아름씩 꽃을 안고
구렁에서 뒹굴다가

한바탕
폭포를 갈기며
하늘로 도망들 친다.

—가을—
주전골 바위들은
계곡으로 도망친다.

키 재기, 땅 뺏기
광 팔기, 놀음하다

화투장
허공에 뿌리며
우르르 굴러들 간다.

* 주전골 : 남설악 오색약수 골짜기.

청간정에서

백두대간 영토권을
잠식하는 파도들에게

한 목숨 오로지로
이 억년 맞서고 있어

동해의 수문장이다, 관동팔경 수호신으로.

파도의 끈질긴 도전에
백사장에 우뚝 나서서

낙낙 장송 외침들을
백두 준령의 사명을

저 억년 의연히 지키니
천하의 명장 청간정이다.

* 청간정 : 고성군 토성면 월포리 바닷가에 있으며 정철 시인의 관동 8경의 하나다.

제 5 부

국외 여행길

라프린의 야경

초원과 하늘 사이를
유성처럼 미끄러지며

네바다 사막을 가로지른 자동차가
아메리카 드림이 껄쭉하게 흐른다는
콜로라도 강변 라프린에 도착하니
석양은 강 건너 산중턱을 기어오르고
강물은 흔들리는 불빛들의 격랑인데
형형색색 네온사인 현란하게 명멸하며
코리안 멋쟁이들을 요란하게 유혹한다.

ok-ok를 안주로 물을 몇 잔 들이켜니
비로소 아메리카는 제 껍질을 훌훌 벗고
예술이란 이름의 단백질 덩어리들이
발작하듯 팔다리를 비틀며 흔들어대고……
까만 동공에 키 작은 간딩이들도
주제를 모르면서도 no-no 연발하니

하룻밤 스치는 별이
놀라버린 눈빛들이다.

* 라프린 : 미국 네바다 주 남단에 있는 콜로라도 강변 관광 도시. 이 도시는 라스베가스와 같이 도박이 허용된 도시이며 도심을 흐르는 강 건너 아리조나 주는 도박이 불허되어 강을 사이를 두고 도시의 밤 풍경이 전혀 다르다.

그랜드캐년 2
- 남벽 전망대에서 -

땅이 쾅 꺼져버려
하늘도 꺼진 협곡에는

창세기적 뼈다귀들, 붉은 벼랑만 살아
풍상에 물어뜯긴 바위들은 앙상하고
바닥을 후벼 파던 강줄기도 추락하니
아득한 코로라도 강, 가물가물 다리에
인문의 가냘픈 흔적, 외줄 길이 굽이친다.

하늘 향해 아우성치는 창세의 잔해들을
세상사람 몰려와 바라보며 즐거워하니
여기는 천지간에 가장 절박한 땅으로
그 이름 그랜드캐년, 관광지의 대명사다.

40억 년, 신비스러운 물과 바람의 손길이
깎아내고 봉합하고 닦아내고 색칠해서
화려하고 장엄하고 절묘하게 일궈 세운
하늘의 무한 권세와 오묘한 섭리 앞에
세상의 구경꾼들은 경탄하고 경악하니……

여기는 창조의 현장
재창조의 중심지다.

* 그랜드캐넌(Grand canyon) : 미국 애리조나 주와 네바다 주 사이에 있으며 1919년에 미 국립공원으로 지정되었고, 1979년 유네스코 자연유산으로 지정된 협곡이다. 깊이 1,600m, 길이 350km, 넓이 5~29km.

라스베가스

이름으로 더 유명한
사막 속의 환락 도시

밤이 되면 발정하여 돈을 먹는 선인장들과
불을 쫓아 타죽으려는 천하의 하루살이들이
키 재기, 광내기, 땅뺏기 도박을 벌이는
세상 속에 별천지, 그 이름은 라스베가스.

줄타기 물 타기로 마술하는 인형들이
일확천금 노다지와 무지개 사냥 제철이니
이류는 비켜서라, 일류들의 행진 앞에
번쩍번쩍 발광하는 아수라장 도가니다.

뮤지컬 타이타닉, 쥬비리 극장 까만 눈들도
태평양 넘을 때처럼 동공을 크게 열고
웰 콤, 코리아! 연호에 들썩대는 열국이다

이국의 쌈박한 바람이
헐떡이는 환락의 도시.

* 라스베가스(Las vegas) : 미국 네바다 주 사막에 있는 세계적 환락의 도시.
* 뮤지컬 타이타닉 : 1984년 10월부터 쥬비리 극장(Jubilee theater) 상영... 타이타닉(Taitanic) 호는 1911년에 영국이 만든 46만 톤급 초호화 여객선, 진수 후, 수시간 만에 침몰 (1912. 4. 14)한 사건을 묘사한 뮤지컬.
* 웰컴, 코리아!(Well com Korea) : 상영에 앞선 극장 측의 한국관객 환영인사.

산토리니 이야 마을

포세이돈 쪽빛바다에
불기둥이 솟구치면서
에에게 푸른 하늘에 붉은 벼랑 걸어두니
환상의 섬 산토리니다, 세상에 별천지다.

벼랑 위에 하얀 마을
장난감 같은 건물들은
가정교회 종소리로 낙조의 불길 일면
지중해 수평선 위에 하얀 장미꽃밭이다.

붉은 벼랑 계단 길
오로지 등짐으로만……
자전거도 없는 섬, 공해란 말 원래 없어
문명에 찌들은 영혼을 하얗게 빨아준다.

* 포세이돈 : 그리스 신화의 12신 중 해신.
* 에에게 해 : 그리스의 서남쪽 바다.
* 산토리니(Santorini) : 그리스 에에게 해에 있는 섬, 1450년경에 화산 폭발로 생긴 작은 섬. 섬 둘레는 약 100m 높이의 붉은 벼랑이며 정상에 수십 가구의 "이야" 마을이 있는데 길바닥까지도 하얗게 도색되었다고 한다.

마테오라 수도원

바다에서 솟아오른 바위절벽 정수리에

피난 온 수도원들이
새집처럼 둥지 틀고

정교회 전통을 지켜 수도하는 마테오라.

수도원 천년 세월에 염원은 하늘을 뚫고

구름 속에 기도소리
경건의 극치로세.

세상을 밧줄 하나로 연결하는 마테오라.

* 마테오라(Meteora) : 그리스 중부에 있는 수도원 유적지, 바다 속 기암 군이 지각변동으로 솟아오른 지형, 마테오라는 공중 수도원이란 뜻이다. 100~200m의 수직 바위 절벽들 위에 24개 수도원이 있었고 지금은 5개의 수도원과 수녀원이 있으며, 나머지 수도원은 박물관, 도서관으로 사용 중이다. 중세 종교 박해 시대에 군인들의 접근을 피해서 지었으며, 몇 년 전까지도 밧줄 하나로만 오르내릴 수 있었다.

프라스마틱 호수

창조의 말씀이 뜨거워
아직도 흘리는 눈물

푸른 물, 영혼의 눈물
살아서 꿈틀대고

호반은 코발트 입술
땅에 뜨는 푸른 태양.

묵시록이 흘러넘치는
언제나 푸른 말씀은

알알이 하늘을 나라
세상으로 퍼져나간다.

호수는 말씀의 증거요
땅 위에 찍은 도장이다.

* 미 국립공원 yellow stone에 있는 이 Plasmatic 호수는 넓이 6,825㎡, 깊이는 49m이며 온도 71℃이며, 분당 2,000리터의 온천수가 차서 넘친다. 일명 "영혼의 눈물" 또는 "지구에 뜨는 푸른 태양"이라고도 부르며 세계 3번째로 큰 온천.

요세미티 폭포

궁창 위의 물이다. 저 엄청난 폭포수는
칠백 미터 절벽으로
하늘 물이 쏟아진다.
천하의
요세미티에
노아의 무지개 걸고.

빽빽한 숲의 권세와 자유로운 바위들이
개벽 시절 함성으로
물줄기를 막아 낸다.
원음의
아우성소리
죽기 살기 막아 낸다.

세상에 쏟아진 물은
물보라를 일으키며
까만 머리 관객들에게 물세례를 뿌려주고
제 본향 바다를 향해 뒹굴면서 달려간다.

* 요세미티 폭포 : 미국 캘리포니아 주에 있음. 높이 739m.
1890년 미국 국립공원으로 지정.

옐로우스톤의 경고

암장이 꿈틀댄다, 부글부글 온천 밑에서.
펄떡펄떡 진흙도가니
대폭발을 경고하고
간헐천 물을 뿌린다, 회개하라 재촉이다.

창세의 뜨건 열과 종말의 검은 연기가
유황천 안개를 타고
대지를 휘감고 있다
창조와 재창조의 현장, 60만년 진행 중.

* 옐로우스톤(Yellow stone) : 미국 와이오밍 주에 있는 미 최초의 국립공원. 이 화산지대의 연기와 간헐천은 대규모 화산 폭발이 있을 징후라 한다. 이 화산대의 규모가 3,960평방킬로 크기여서 만약 폭발한다면 1980년에 폭발한 헤렌스 화산의 약 1,000배에 달할 것으로 예상되어 인류멸망의 재앙이 올 수도 있다고 경고한다.
* 록키산맥에 둘러싸인 옐로우스톤 분지의 최종 폭발은 64만년 전에 있었다.

제 6 부

명승지 여기저기

관악산에 올라

인생길을 바꾸려고
응어리 털어내려고
관악산 샛길 오르며
18번을 흥얼거리니
어느새 구름은 턱에 차고 대지는 아득하다.

하늘나라, 제일 관문
연주대에 기어올라
시가지, 한강줄기의
유한-무한을 굽어보니
돌이 된 삭신인데도 훨훨 날아가고 싶다.

아득한 저 도심은
뜯어먹기 난장이요
눈높이 목화구름은
허허로운 바람인데
점 하나 찍고 지우기, 왜 이리도 힘드나.

화석정 둘러보며

임진강이 달려오다 화석정에 마주치니
서둘러 발길 틀어
서쪽으로 돌아가고
강심엔 노을이 일어
물이 타는 불꽃일세.

꽃 피고 눈이 오고 차곡차곡 쌓인 세월
정자각 편액 글자와
손자국들 바랬지만
율곡 님 십만 양병을
솔바람이 속삭이고.

임진난리 피난 행렬, 6 · 25 막바지 전쟁
비극의 기억들을
이 정자 품고 있어
큰 고비 역사의 현장을
증언하는 꽃들정자.

* 화석정(花石亭) : 파주시 파평면 율곡리 임진강가에 있음. 율곡 대현께서 수학하던 정자. 임진왜란 때 선조의 피난행렬이 이 정자를 태워 그 불빛으로 도강했다는 고사가 있음.
* 꽃들정자 : 화석정의 다른 이름, 경기도 유형문화재 61호.

학봉정에 올라

이백 계단 학봉정에 새벽 기분 상쾌하다
새싹들은 눈 비비며
봄바람에 싱그럽고
치악산 하늘로 솟구쳐 북원 땅을 제압한다.

봉살 뫼 소란스런 까치소리 귀에 익고
우리 살던 옛집 터는
무진고개 이쯤인데
기차는 철다리 건너며 옛날처럼 요란하다.

정지들에 움막집들 세월 뒤로 사라지고
감영루 큰 길에는
빌딩들이 몰려들어
키 재기 광내기하며 저들 세상 누리누나.

* 학봉정 : 원주시 봉산동에 있는 정자.
* 감영루 : 원주시내 도심에 강원 감영루가 옛 모습대로 있다.

융-건릉에서

회한의 땅, 오르는 길
새들이 아직도 울고……
모진 사연 잠든 땅엔
가을볕도 비켜서니
세상사 일장춘몽이 인과 업의 사슬이요.

뒤주 안에 죽은 이나
돌이 된 권속들 모두
마른 이끼 더덕더덕
풍상 앞에 버텨야 하니
이-저승 군신의 도리, 지엄이요 충절일세.

* 융-건릉 : 수원에 있는 사도세자 융릉과 정조의 건릉.

박달재 사연

과거 길에 풋사랑이 두 목숨에 불을 지펴
새벽안개 내리 풀린
굽이 길에 박 도령은
임이여 돌아오리다, 선비지조 장담하고.

이슬 젖은 꽃송이는 하얀 손을 흔들면서
장원급제 돌아오소.
하루 빨리 돌아오소.
임이여 나의 님이여, 가슴으로 외쳤는데……

삼 년 지각 어사화라, 달려온 박달 도령
낙화된 봉을 따라
벼랑 끝에 나비 되니
박달재 꽃과 나비는 오늘에도 피고 나네.

* 박달재 : 제천~충주 사이 천등산에 있는 고개로 박달 도령과 금봉 낭자의 전설이 있음.

한강변 시민공원

쇳덩이를 녹일 듯이
아리수에 불꽃들이

생명의 강 언덕에서
땀의 향기 다스리네.

가슴속 풀무질 소리, 새 하루 열고 있네.

잠수교에 분수처럼
폭발하는 물꽃들이

낭만의 강 잔디밭에
별꽃사랑 엮어내다

동공에 달무리 질 때 또 하루를 닫고 있네.

* 아리수 : 한강의 옛 이름.

병지방 계곡

물 좋고 산 좋으면
파헤치는 세상인데

여기는 누구의 영토
금단의 계곡이기에

겁 없는 야생화들이 제멋대로 피었느냐.

돌 좋고 나무 좋으면
몽땅 파서 실고 가는데

여기는 무슨 특구냐
돈신 위에 성역이냐

겁 없는 돌덩이들이 발가숭이로 뒹군다.

* 병지방 계곡 : 횡성 갑천 병지방에 있는 군민 유원지.

고궁 산책

용상에서 어험 소리
단청 들보에 울릴 듯......

만조백관 만만세 소리
품계석에 휘감길 듯......

우수수 은행잎들도 한마디씩 토해 낼 듯.

큰 발자국 떠난 자리
썰렁한 댓돌마다

구경거리 즐기는 이들
반짝 불을 찰칵거리니

5백년 파란만장이 일장춘몽 낙화로세.

도담삼봉

백두대간 곧은 정기
가득 실고 달려온 물이

도담삼봉 연모하여
잠시 머무는 순간에

삼봉이
뒤뚱거리며
물속으로 뛰어드니.

하늘이 급히 내려와
삼봉을 떠받쳐 주고

한번 가면 못 올 물은
삼봉을 잡고 매달리니

산들도
물로 뛰어든다.
산+물 사랑이 천하절경.

* 도담삼봉(島潭三峰) : 단양 8경 중 하나, 큰 봉이 남편바위, 좌우에 처 - 첩 바위로 이조 개국공신 정도전이 도담삼봉의 이름을 따서 호를 도담으로 했단다. 단양군 매포읍에 있음.

경포대 일출

선혈이 낭자하게
수평선을 물들이며

새 빛살 쫙 깔면서
또 한 해 솟아오르니

대관령
벌떡 일어서서 환호하네, 경배하네.

파도들은 하얀 나래
춤을 추며 몰려오고

구름은 홍조를 띄고
천궁 문을 활짝 여니

관광객
외치는 소리, 우와-우와 근하신년.

구룡령에 올라

백두대간 울긋불긋
색동옷을 차려입고

하늘은 령에 내려와
이승이 아득한데……

구름은
봉우리 품고
속세로 떨어져 간다.

멀리 대청봉 바위들
번들번들 웃으며 섰고

고목은 죽어서 천년
령 마루를 제압하니

눈빛들
장관에 눌려
감전된 듯, 우아-우아

* 구룡령 : 홍천~양양 사이에 있는 령, 해발 1013미터.

명동을 거닐며

빌딩 숲에 둘러싸여
내 하늘이 답답하다.
쭉쭉 뻗은 각선을 비켜 오뚝한 콧날 스쳐
빽빽한 거리 걸으니 생각들이 헝클어진다.

명멸하는 불빛들은
도화원의 선경일까
배꼽을 흔드는 덩이 소돔이 이런 걸까
왕고집 청개구리들 왁자지껄 현장에서.

지하철은 만원이요, 하늘 길은 매진인데
절뚝절뚝 번데기는
쪽지도 밧줄도 없이
황홀한
명동거리에
밤길 환승이 아득하다.

* 도화원 선경 : 진나라 시인 陶淵明의 桃花源記에 나오는 武陵桃源.
* 소돔 : 도덕적 타락이 극에 달해 하늘이 유황불로 멸망시켰다는 성경에 나오는 도시로 사해 근처에 있었던 것으로 추정된다고 함.

도봉산 위용

-1-
창조의 섭리에 따라
팔도강산 제압하며

꽃피우고 물들이고
털어내며 지켜선 자리

반도의 왕고집이라고
대머리 불쑥 솟았네.

-2-
깎이면서 솟구치는
금강산 만물상 보다
세상하늘 떠받치는 에베레스트 최고보다
당연히 도봉산이다, 카리스마 대머리만은.

제 **7** 부

돈신들 이야기

돈신들 이야기 1

세상살이 파란만장은
돈신들 변덕 탓이다.
하늘이 안 만든 것을 사람이 만들어
세상의 주인이라고 섬기기 때문이다.

돈신들 행차에 따라
울고 웃는 세상사람
신들의 음모로 제 머슴을 바꿔버리면
시장은 난장판이다, 죽기 살기 쌈판이다.

신은 절대 존재라서
형체가 없어야 하는데
인조 돈신들은 번호와 색깔이 박혀서
숨어서 일내는 솜씨, 신들은 비키란다.

돈신들 이야기 2

가슴이 따뜻하고
건강하면 그만이다.

나물 먹고 물 마시고 팔 베고 누웠으니
대장부 살림살이 이만하면 마족이지.
예전에 어르신들 가르쳐준 말씀인데……
가진 이들은 세상에서 땅땅거리며 땅을 사고
없는 이들은 죽을 수 없어 몸을 파는 시국인데
어르신 그 말씀이 진정이냐 묻고 싶소.

세월의 본질은 빛이라, 광속으로 달려가고
인생일장춘몽은 하루 달리 가속인데
올망졸망 차세대는 돈돈하며 손 내미니
푼돈에 거는 목숨이 어느 날 별을 보랴.

입에 풀칠 근심 없으면 그나마도 은총인데
산전수전 공중전, 번갯불 같은 요즘 세상에
뾰족한 가난이 어디 있어 돈신을 외면하랴
너무 없이도 잘살고
너무 많으면 더 잘사는……

돈신들 세상이 아닌
돈들 머슴이면 좋겠다.

돈과 사람 관계

돈을 처음 만들 때는 물물교환 세상으로
가치척도, 교환수단
저장수단이 목적인데
사람이 신으로 섬겨 무소불위 권력이 되니

원래의 착한 본성 외, 탐욕의 머슴 되어
빼앗기 속이기의
중계자로도 전락하니
돈신은 선-악신이다, 병 주고 약도 주는……

허나, 근심 마라, 돈 없으면 축복이 많고
돈 너무 많으면
가슴이 고달프니
돈 적게 가진 것만큼 행복은 오히려 크다.

돈신들 주인 되어 많은 사람 즐겁게 하면
세상의 축복이요
하늘 문도 열리지만
푼돈의 머슴살이면 부화 못할 번데기 된다.

* 돈 적게 가진 것만큼 행복은 오히려 크다 : 돈이 적은 사람은 단돈 천 원으로도 행복할 기회 있어 수시로 웃으며 살 수 있고 돈 많은 사람은 훨씬 더 부족을 느끼며 산다.

미국 발, 신용 공황

신용시장은 풍선시장, 너무 불면 터진다.
가수에 지수를 곱해 펀드로 튀겨대니
결국은 터지는 것이다. 시한폭탄 게임이다.

부라더스 도덕 불감증, 불신폭탄 뇌관인데
뉴욕커 풍선에 붙어 허수시장 긁어먹다
마침내 터지기 시작, 우르르 폭삭하니......

부동산은 꼬꾸라져 모기지론 부러지고
월가의 대부라는 브라더스 파산하니
부도가 세계를 석권, "민스키 모멘"이다.

* 신용공황 : 2008년 가을, 미국 발 금융공황으로 전 세계 금융시장이 휘청거렸다.
* 모기지론 : Mortgage Loan(부동산 담보 주택자금 대출)
* 브라더스 : 다국적 금융회사, 리먼브라더스, 뉴욕에 있으며 2008년 9월 파산.
* 민스키 모멘(Minsky Moment) : 미국 경제학자 민스키는(1919~1996) 1970년대 모멘트 이론을 책으로 냈다. 요약하면 "고수익을 위한 고 위험 투자가 감당하기 어려울 정도로 확대 되다가 갑자기 수축으로 바뀌게 되면 금융시스템은 공황에 빠진다는 이론.

별난 메뉴

- 접대의혹 특검을 보며 -

사장님 미식가라서 아무거나 드시지요.
욕심이 없으시니 남들 것만 드시지요.
날 것을
좋아하시니
통째로 드시지요.

오늘 메뉴 깔깔하니 한 가지만 고르지요.
꽃뱀 탕, 참새구이 갈비찜에 아나고 회
그리고
금방 밀수한
백골계도 있습니다.

특별 손님들은 서비스 따로 더 있지요.
탈세 탕, 오리발구이, 비자금 샤브샤브
하명만
때리십시오.
노 게이트로 모십니다.

* 노 게이트(No gate) : 사건에 말릴 일이 없다는 뜻.

증권사 객장

전광판에 꽃들이 핀다.
빨강 파랑 노랑이 핀다.

희망, 회의, 실망의 꽃이
반짝반짝 유혹을 켠다.

꽃들의 백병전이다, 조화들이 칼 뽑는다.

꽃들의 전장인데도
신무기를 총동원하니

장거리포, 단거리포
물대포에 바가지 포도

한나절 계절이 지면 생화들만 우수수다.

* 증권거래는 1회 매매 가능 금액이 자기 자금의 2.5배까지 가능하며, 하루에 무제한 반복 매매 가능하므로, 최대 수익의 무지개 밑에 최대 손실의 함정이 있다.

아이 엠 에프(IMF) 사태

외화가 빠져나간다, 파산의 쓰나미다.
오만하게 버텨 서던
바위들은 쓸려가고
저지대 많은 집들이 너울에 휘말린다.

부서진 작은 배들, 부도라며 해체하고
푸른 하늘 마른번개
여기 저기 꼽히는데
개미들 금 모으기다, 뒤풀이가 안쓰럽다.

역사 바로 잡는다며 벼르던 한판 풀이
들뜬 세월 어정버정
도끼자루 썩어버려
상투는 머슴이 잡고 바가지는 주인이 썼다.

* IMF(국제통화기금, International Monetery Fond) : 1997년 12월 5일, 우리나라는 외환 부족 사태로 IMF로부터 195억 $을 융자 받아 외환 부족 위기를 극복했고, 이때 많은 기업들은 부도로 쓰러졌다. 외화 확보를 위해 국민들이 금 모으기에 동참했다.
* 스나미 : 바다 속 대지진으로 생기는 초대형 너울.

데모 현장 가 보니

남들 것만 뜯어먹으며
충동질하는 골치 족과

제몫도 못 챙기면서
남 탓 하는 떼거지 족과

무조건 밀어붙이는
얌체족들 공연장인데……

남들 일이다, 바라보는
방관 족에 둘러싸인

입 다문 벙어리들의
안쓰러운 대열을 보니

배부른 민족들이다.
굶어보면 알 것인데……

땅 투기 1

땅 투기 극성떨면 결국은 전쟁이다.
고금 세계 역사는
땅 투기 전쟁이니
전쟁은 죽음뿐이요, 약육강식 결산서다.

포-스는 남미에서, 영-불은 북미에서
미는 알라스카에서
각기 대박을 치니
열강은 땅 투기 혈안, 식민지 사냥인데……

독일은 묻지마식, 일본은 상투 잡기
결국은 땅 따먹기
2차 대전 벌어지고
독-일-이 폭삭한 다음, 세계부도 터지니.

큰 투기 한물가고, 잔 투기 살아나서
중동에선 발목 잡기
월남에선 본전 빼기
상투는 반도가 잡고, 바가지는 한족이 썼다

* 포-스 : 포르트칼-스페인.

땅 투기 2

한강의 기적들이
죽순처럼 솟아날 때
투기-투기 땅 투기, 산불처럼 번져가며
백 배씩 대박을 치니, 졸부들 세상이 오고.

전 국토는 벽해상전
개발 투기 몰아치니
투자-투자 증권투자, 묻지 마로 대박치다
결국은 외환위기다, 부도 홍수에 쓸려갔네.

* 부도홍수 : 1997년 12월의 IMF 사태

제 8 부

생각하며 살자

균형 잡아라 1

양쪽 눈으로
똑똑히 보고
양편 귀로 정확히 듣고

가운데
한 입으로
오른 말을 가려 하라.

더 높이, 올라갈수록
흔들리고 기울어진다.

균형 잡아라 2

우로도 좌로도 말고 균형 잡아라.
양 날개로 날아야 날 수 있듯이
더 높이, 멀리 가려면 균형 잡아라.

개성의 다양이나 사물의 특성들은
활용하면 축복이요, 부정하면 재앙이니
성패는 균형에서다. 정의를 축으로 하여.

바꾸기, 지키기도 지나치면 독이 되니
잘못을 감싸주고 좋은 점 기려주면
섭리의 축복을 받아 세상일 뜻 대로다.

교육이란

교육이란
홍익인간
행복의 원동력이니

뾰족한 돌
골라 뽑아서
잘난 사람 만들기 아니요.

둥근 돌
고루 갈아서
잘된 사람 만드는 거다.

*난 사람 / 된 사람의 차이

텅 비운 가슴에

텅 비운 네 가슴에
좋은 것으로 채워라.

좋은 새것이
가득히 차면
한 세월 우려내리니

마음을
자주 열고 닫아
네 향기를 익혀내라.

함께 사는 세상

함께 사는 세상에는
예의라야 능률이지

온유해야 일이 되고
겸양해야 풀어 가니

소신은 충돌입니다.
다른 소신도 있으니……

함께 사는 세상은
공존의 협약이니

나와 너를 공분모로
최적치를 찾음이요

더하기 빼기보다는
나누고 곱하는 묘수에서……

* 최적치 : 파레토의 최적치 법칙(pareto principle).

인생살이

사방을 둘러보며
똑바로 걸어야지

자기를 넘고
남들과 함께
기러기처럼 날아야지

온유와
절제의 틀 안에
머슴으로 살아야지.

극한 데모 현장을 보며

순리는 밀려나고
역리의 현장이다

자유라는 개별가치에
다수들이 침묵해버려

민의니 자유니 하며 보상꾼들 난장이다.

시뻘건 머리띠에
집단 보상 심리들이

생존권이란 각색으로
불 지르기 연출이다.

부숴라, 태워라 하는 악머구리 난장이다.

성 돌은 엎드려서

똘똘하고 모가 있어
싸움터에 몸 바친 돌

유정세월 무정하니
마른 이끼 뒤집어쓰고

회한의
무게에 눌려 새까맣게 엎드렸는데.

많이 배워, 뭘 모르는
국적 잃은 건각들이

흔들고 두드리며
하루살이 춤판이니

성 돌의
파란만장을 어느 세월이 보상하리.

하늘과 신앙

해와 달과 별을 돌려
연월일을 운영하고
빛과 물과 공기로 생명들을 엮어내니
하늘은 만유의 기원, 신앙심의 원천지.

둥글고 높이 있어 우러르기 자유롭고
언제나 어디나 있어
누구나 믿을 수 있으니
하늘은 만인의 소유, 신앙심의 현주소.

무한한 시-공간은 섭리의 본질이요
물질로 내어주고 영으로 걷어 들이니
하늘은 영육의 고리, 신앙심의 종착지.

감사하자

숨 쉬고
물 마시며
햇볕으로 사는 사람들

하늘에
감사하며
섭리 따라 살아가자

창조로
꽃피운 목숨이
재창조로 열매를 맺게……

* 우주는 창세 이래 계속해 재창조를 진행한다. 동물의 진화라는 것도 일종의 재창조 현상이라 생각한다.

섭 리

꽃 축제
어우러지던
봄바람 가지가지에

잎들 손이
반짝이며
여름 햇살 사리더니

열매들
제 목숨을 담아
가을 하늘에 내건다.

우리 아가

우리 아가의
까만 동공에
제 하늘이 출렁대고

움켜쥔
손가락 마디에
우리 희망이 꿈틀대고

꽃 입술
깔깔거리니
온 세상이 행복합니다.

감옥 생활

네 탓이다, 우겨대니
모두들 돌아서고

내 것이다, 금을 그니
사방에 둘러싸여

스스로
감옥에 든다.
자유로운 포로가 된다.

〈월간 한국시 2008년 12월호〉

괘씸죄는 여의봉

떡값이냐, 대가성이냐
코걸이에 귀걸이고

구속이냐, 불구속이냐는
귀걸이에 코걸이니

세월도 어쩔 수 없는
괘씸죄는 여의봉이다.

* 귀걸이 코걸이 : 耳縣鈴鼻縣鈴

별꽃들의 행진

No, No 그러지 마오, 잘못 아닌 다름이오.
개성은 창조의 섭리
모든 꽃이 아름답듯이……
다름이 어울린 세상, 별꽃들의 행진이다.

Ok, 라고 말해요, 사랑의 공분모로
예-예는 행복의 전주곡
눈빛들이 즐거워지면
섭리의 지평선 위에 별꽃들 행복이 핀다.

〈월간 한국시 2009년 4월호〉

어느 연설

저 분 말씀 맞는 말이다
뜯고 맞추는
조립식이다

알맹이가 다 닳도록
연습해 본
작품이다

숨구멍 물구멍이 없어
기(氣)가 막힌
말씀이다.

〈시조문학 2008년 겨울호〉

두 사람

-1-
많이 배워 똘똘하니
죄 많이 지을 거다

높은 자리에 올랐으니
보이는 게 없을 거다

세상 일
마음대로 되니
썩는 냄새 터질 거다.

-2-
조금 배워 털털하니
좋은 일 많이 할 거다

높은 자리에 숙이며 사니
땅바닥도 보일 거다

궂은 일
마다 않으니
나누는 향기 퍼질 거다.

거울을 보시오

거울을 보십시오, 자세히 보십시오.

거울 속 당신의 신이
당신을 보고 있습니다.

그 분이 울고 웃을 때 당신도 그리됩니다.

거울을 보십시오, 그 분 이름 부르십시오.

그 분이 당신을 부르면
당신도 따라 부르십시오.

이름이 좋아집니다, 세상 일이 잘됩니다.

- 970627 -

〈월간 한국시 2010년 5월호〉

행복의 길

진실과 근검으로
두 궤도를 삼고

건강-사랑-지혜-인내
네 바퀴로 달려가면

행복을
만날 수 있네
언제나, 어디에서나.

회개하고 감사하며
세상 주인에 의지해서

믿음 희망 긍정으로
섬기면서 살아가면

세상 일
다 할 수 있네
무슨 일을 하더라도.

재창조에 살렵니다

잠시 후면 썩어버릴
육신의 머슴살이로
살다 보면 빛만 남을
잔돈님 심부름 하다
편도의 황혼에 기대 투석 받는 이내 몸은.

세상바다 한가운데
쪽배 같은 명을 살며
맞은 만큼 돌다가
팽이처럼 쓰러질 목숨
섭리에 심안을 열어 영원한 소망 품고.

내 자리 비워내고
세상주인 모신다음
세파에 떠밀려가는
고단한 육신을 당겨
십자가 부활의 신비, 재창조에 살렵니다.

■ 후기

오늘 제 5시집 원고를 탈고하니 감개무량하다. 좀 더 다듬어보려고 노력했으나 이미 골격이 잡힌 시집을 만져보았자 욕교반졸이므로 일단 매듭 짓고 6집을 내는데 집중하려 한다.

나는 30년 동안 공직생활을 하다 꽉 짜인 직장을 탈피하여 자유 직업으로 진출하려고 1994년 명예퇴직하고, 생활 근거지 원주의 상지대학교로 갔는데 거기서도 직장생활에 염증을 느껴 1년 남짓 근무하다 그만두고 문단과 사회활동을 접었다.

장기간 투병생활을 하다 다시 문단에 나서려니 서먹하다. 너무 긴 공백 기간에 세월과 사람이 많이 바뀌어 낯선 세상이기 때문이다.

다만 언제나 어디서나 24시간 나를 응원해 주고 지켜주는 절대적인 하느님이 계시고, 나는 그분을 믿으면서 즐겁고 건강한 생활을 하게 되어 다시 시를 쓰기 시작했으니 그분께 진심으로 감사드립니다.

이 시집을 내도록 나의 건강을 3년째 보살펴주시는 연세강내과 강병승 원장님과 수간호사 정현자 사모를 비롯한 간호사님들에게 감사드리고, 나의 가족들과 항상 내게 즐거움을 주는 손자들을 생각하며 이 원고를 정리한다.

나의 시집 제2, 3, 4권을 발간해 주고 강원시조문학 연간집 1~10권까지 발간해 주신 을지출판공사 윤해규 사장님을 16년 만에 다시 만나 이번 제5시집을 또 내주시니 사장님께도 감사드립니다.

2011년 1월

저자

저자 약력

- 1939년 강원 횡성 출생
- 1982년 시조문학 천료
- 1984년 강원시조문학 동인회 1~2대 회장
- 1992년 한국 시조시인협회 총무이사
- 1994년 한국 시조시인협회 감사

■ 저서 : 1983년 제1시집 개나리
1985년 제2시집 대관령
1990년 제3시집 세원을 삭힌 노래
1994년 제4시집 가슴에 흐르는 강

■ 문단 경력
돌기와문학동인회, 북원문학동인회, 해안문학동인회,
강원시조문학동인회, 한국문인협회,
국제펜클럽 한국본부 회원 등.

■ 학력 : 당평초등학교
강원대학교 경영대학원 최고경영자과정 수료

■ 시험 : 내각사무처 제2회 5급 공무원 임용고시합격
총무처 행정사무관 시험 합격
교통부 영어통역안내원자격시험 합격

■ 주요 경력
평창군 교육청 관리과장
강원도 교재창장
강릉대학 사무처장
강원대학교 교무과장
국립중앙도서관
대한민국예술원
국립국어연구원(부이사관 퇴직)
상지대학교 관선 감사

■ 수상 : 모범공무원 대통령 표창 · 근정포장

■ 주소 : 서울특별시 서초구 잠원동 한신2차아파트 112동 102호
(우) 137-797
전화 : 02-537-8678　HP: 010-9112-4103

저자와의
협약으로
인지생략

곽영기 제5시집
사랑과 은총의 별이 세상 가득히

초판 발행 2011년 1월 1일

지은이 | 곽 영 기
펴낸이 | 윤 해 규
펴낸곳 | **을지출판공사**

등록번호 | 제 2-741 호
등록일자 | 1985 년 2월 14일
주　　소 | 서울시 마포구 서교동 394-81 홍익B/D 3층
우편번호 | 121-840
전　　화 | 02) 334-4050 · 4090
팩시밀리 | 02) 334-4010
E-mail : ejp4050@hanmail.net

값 12, 000원

* 잘못된 책은 바꿔 드립니다.

ISBN 978-89-7566-118-1 03810